SUITE

DE LA BROCHURE INTITULÉE :

MOYEN

DE SAUVER LA FRANCE.

LETTRE

De M. MOUNIER, *pair de France, directeur-général de l'administration départementale et de la police, à M. le baron* DE SATGÉ, *auteur de la brochure intitulée :* MOYEN DE SAUVER LA FRANCE.

« VOUS m'avez fait connoître, Monsieur, que vous étiez disposé à vous retirer à Pamiers, et que vous ne donneriez aucune publicité à la brochure que vous venez de faire imprimer. A cette condition, le traitement de 3oo fr. par mois dont vous jouissez sur les fonds du ministère de l'intérieur, vous sera payé au lieu que vous avez

choisi pour votre résidence. Ce traitement cesse-
roit de vous être accordé si vous ne quittiez
point la capitale, ou si vous donniez cours à la
brochure dont il s'agit.

» Pour vous faciliter les moyens de vous
rendre, avec votre famille, à votre destination,
M. le préfet de police vous fera remettre la somme
de 600 fr. Vous pouvez, en conséquence, vous
présenter à la préfecture ; mais je dois vous
prévenir que cette somme ne vous sera remise
qu'au moment de votre départ.

» J'ai l'honneur d'être,

Votre très-humble et très-
obéissant serviteur,
» Signé MOUNIER. »

Paris, 8 juillet 1820.

RÉPONSE.

MONSIEUR,

La lettre que vous venez de m'écrire prouve
mieux que vous ne voulez mon attachement à
la cause royale ; elle me dispense d'en donner

de nouvelles assurances ; elle prouve que jamais il ne s'est affoibli en moi cet attachement, même au milieu de l'ingratitude la plus affreuse et de l'injustice la plus révoltante.

Vous vous plaignez de ma brochure ! mais les honnêtes gens la trouvent bonne, et je ne vois guère que les traîtres qui puissent la blâmer. Le sentiment qu'elle exprime est celui de tous les bons Français. A vous entendre, il n'est pas nécessaire d'être royaliste ; et rien ne vous paroît plus singulier que le zèle et le dévouement à la légitimité.

Fidèle à la méthode de l'usurpateur, dont vous avez été le secrétaire pendant dix ans, voudriez-vous exiler les amis du Roi, ne pouvant encore bannir le Roi lui-même ? Ceci est un peu drôle ; et, en vérité, je vous estime encore moins que celui qui vous a fait nommer.

Je vous ai demandé si vous étiez royaliste, et vous avez pâli, rougi et répondu vaguement. Maintenant, je vous demande quels sont vos titres à la place que vous occupez ? Sont-ce les services que vous avez rendus à Buonaparte ou à M. de Cazes, ou à l'auguste famille des Bour-

bons ? Vous n'oserez répondre, ou vous répon-
drez, comme la première fois, en rougissant.

J'abhorre les hommes faux, lors même qu'ils
sont comblés de munificences, et j'aime mieux
avoir été massacré, et me trouver dans le malheur, que d'être à votre place au prix de la trahison ; car, est-il sur la terre un seul aveugle qui
puisse ignorer que tous nos maux, depuis la
restauration, viennent de votre protecteur, ou
tout au moins de son système ? Et le moyen de
croire que des hommes choisis et présentés par
lui puissent réparer le mal qu'il a fait ?

Je le demande à vous-même, M. Mounier,
est-il une conception plus malheureuse, plus
bizarre que l'idée de confier l'administration
départementale et de la police, c'est-à-dire tout
le pouvoir royal, à un jeune homme qui n'a
d'autre mérite que d'avoir servi l'usurpateur,
et d'être l'ami zélé et dévoué du sieur de Cazes ?
Une monarchie malade qui se relèveroit ou se
soutiendroit avec des hommes tels que vous,
seroit le plus grand de tous les chefs-d'œuvre.

Vous vous plaignez de mon écrit, M. Mounier ! mais, depuis cet écrit, une feuille semi-

périodique, vivant sous la loi de la censure, et d'ailleurs très-estimable, n'a-t-elle pas dit l'équivalent ? Si vous lisiez *le Défenseur*, vous y trouveriez des vérités aussi claires que les miennes. Je plains ceux qu'elles offensent, et plus encore celui qui a le malheur d'accorder sa confiance à ceux qui en sont offensés. Je vais en citer une parce qu'elle a beaucoup d'affinité avec celles qui vous ont alarmé. La voici :

C'est le manteau du pouvoir qui couvre les hommes suspects, qui trompe l'opinion. Quand ils seront nus et délaissés, la conscience publique en fera si bonne justice, qu'ils demanderont comment il faut s'y prendre pour devenir honnêtes gens. Mais tant que les hommes de la révolution commanderont, et que les hommes de la monarchie seront tenus de leur obéir, le peuple croira que la révolution est plus puissante que la monarchie, cause suffisante pour que l'esprit révolutionnaire se maintienne et se propage... Ministres du Roi, *pensez-vous que, laissant les choses telles qu'on vous les a remises, le bon droit n'ait rien à réclamer ?*

Entendez-vous, M. Mounier, vous qui déjà

embrassez deux ministères ! Ne m'avez-vous pas dit que vous ne deviez que la pitié à celui qui a sacrifié son sang, sa vie, sa fortune au souverain légitime ? Oui, Monsieur, vous l'avez dit à mon fils, vous l'avez dit à moi-même. Est-ce là le langage d'un ministre dévoué au Roi ? Non, c'est celui d'un ex-secrétaire de l'usurpateur, d'un pair de la fournée, d'un ami de de Cazes de Libourne, surnommé le fléau de la France et de l'Europe !

Pourquoi ne voulez-vous pas que je publie ma brochure ? Est-ce parce qu'elle est pleine de vérités ? Croyez-vous qu'elle éclaire le monarque ? qu'il repousse les traîtres, et que la France soit sauvée ? N'ayez pas cette peur.

J'ai l'honneur d'être, etc.

Le baron DE SATGÉ.

Maintenant, voyez, M. Mounier, si je fus moins sincère à l'égard de votre ami, de votre devancier, de la boîte de Pandore, du fossoyeur des trônes légitimes. Vous allez en juger par les lettres que je lui écrivois lorsqu'il avoit le pouvoir, et dont j'ai les récépissés ; puis nous reviendrons à vous.

Ces lettres, adressées à M. de Cazes, donne-ront une idée de l'opinion que j'avois conçue de cet homme, examen fait de sa conduite poli-tique, tant sur le rapport des meilleurs écri-vains français, que sur celui des personnes les plus intéressées à le soutenir.

Paris, 8 juin 1819.

MONSIEUR LE COMTE,

On crie de toutes parts, et personne n'a le droit de se plaindre plus que moi. Personne n'a autant souffert pour la cause que vous êtes chargé de défendre. Pour prix de mes services et de mes souffrances qui durent encore, j'éprouve la plus noire ingratitude.

Tout le monde sait que le ROI est trop bon, et qu'il seroit juste s'il n'étoit pas trompé. Je ne crois pas du moins qu'il me laissât dans la position où je me trouve, s'il savoit que j'ai versé pour lui les dix-neuf vingtièmes de mon sang.

Je dois donc mon malheur à ceux qui le tra-hissent. Bien persuadé de cela, j'espère que bientôt quelque fameux traître paiera de sa tête son horrible trahison. Je sais qu'on vous a proposé de conseiller au Roi et à Monsieur d'abdiquer en faveur de Mgr le duc d'Angoulême, pour viser ensuite au moyen de les envoyer tous à Rome occuper le palais du Roi d'Espagne, et que vous avez eu le courage, ou plutôt la lâcheté de suivre ce conseil (1).

Je sais que vous avez donné ordre de combattre le sublime discours des quatre évêques, ainsi que celui de M. de Serres contre les régicides; le tout à 100 fr. par article!

Il me semble que tout homme qui défend un régicide, un assassin du meilleur des Rois, est aussi coupable que lui. Vos écrivains même sont étonnés de cela, et plus encore du rôle que vous faites jouer à M. C. qui, de son aveu même, est chargé de vous apporter de fausses lettres que vous faites écrire par un homme qui a travaillé

---

(1) Ce projet fut conçu à l'époque où sortit du ministère M. le duc de Richelieu. J'en avertis Monsieur, frère du Roi, dans une audience particulière, à dix heures du soir. J'appris ensuite que la proposition avoit été faite par M. de Cazes lui-même, et que Monsieur montra au perfide un front couvert de la rougeur que donne l'indignation.

pour le Directoire, comme si elles venoient de M. de Villèle.

Sans ces fourberies et plusieurs autres qui sont à ma connoissance , vous ne seriez pas ministre de l'intérieur, vous n'auriez pas épousé la fille d'un traître qui, préfet à Toulouse, nommé par le Roi, invitoit ses administrés à se réunir à l'usurpateur. O honte de l'espèce humaine !

J'ai l'honneur d'être , etc.

Le baron DE SATGÉ.

AU MÊME.

Paris, 15 décembre 1819.

MONSIEUR LE COMTE ,

Vous gardez le silence sur une demande qui malheureusement n'est que trop juste , et vous la repoussez , parce que je ne suis ni traître , ni flatteur. Ceux qui vous entourent vous laissent ignorer ce que vous devriez savoir : instruit par eux, plusieurs fois je me suis fait ce dilemme : ou il veut être Roi, et alors tout s'explique de lui-même, ou il veut ne pas l'être, et alors rien ne peut s'expliquer ; tout est inconséquence et folie ; mais folie si grande, que tous les fous de Bicêtre, de Pantin et de Charenton réunis ne peuvent vous égaler.

Voilà ce que je conclus de tout ce qu'on m'a appris ; voilà ce qui est clair, positif et sans réplique. Et que vous dirai-je de plus que ce que je vous ai dit dans ma précédente? Est-il un langage plus sensible? oui, sans doute ; mais il est voisin du désespoir. Dispensez-moi de le faire entendre, ou si votre intention est de me réduire à cette extrémité, je viens moi-même vous en indiquer le moyen, le voici :

Il faut méconnoître mes services à la cause royale pour laquelle j'ai sacrifié mon sang, ma vie, ma fortune ; il faut me préférer les felons, retrancher l'autre moitié de la pension accordée.

Laissez-moi sans rien, vous le pouvez sans peine ; soyez plus cruel que les fédérés des cent-jours, arrachez-moi la vie. Je vous le conseille, vous me rendrez service; je vous pardonne tout. Faites peser sur moi seul tout le poids de votre système, toute la haine que vous portez aux royalistes ; vengez-vous , choisissez-moi pour victime, je vous demande la préférence.

Mais ne m'accusez pas d'ingratitude; j'aurois tout fait pour vous, si vous aviez fait quelque chose pour la monarchie légitime. Les coups que vous lui avez portés sont sans remède; il faut un miracle pour la sauver. Que dis-je? elle est frappée à mort, je la vois mourir, je la vois morte; ouvrez-moi un chemin pour fuir son spectre, ou je suis prêt à la venger.

Le baron DE SATGÉ.

AU MÊME.

Paris, 7 janvier 1820.

MONSIEUR LE COMTE,

Vous savez que j'ai cent fois raison de me plaindre ; que j'ai des droits qui, par votre système déplorable , sont oubliés ou méconnus. Je n'en ferai pas l'énumération : vous les connoissez déjà , et sans doute depuis cette époque où vous écriviez à M. Remuzat , préfet de Toulouse , en ces termes :

« Il est inutile que M. le baron de Satgé
» vienne à Paris : il y fatigueroit les autorités
» de ses prétentions outrées. D'ailleurs le ca-
» ractère de son esprit ne peut s'accorder avec
» le système qu'il nous importe de propager. »

Quelles étoient ces prétentions outrées? pensiez-vous que je voulusse être ministre de la police , de l'intérieur, ou président du conseil, ou favori? Vous ne le pensiez pas , ni moi non plus, Dieu m'en préserve : toutefois si j'eusse été à votre place , moi, ou tout autre qui eût pensé comme moi , j'ose croire que les affaires en seroient dans un bien meilleur état, ou du moins elles ne sauroient être pires. Union et oubli tant qu'on auroit voulu ; mais j'aurois fait en sorte que ceux qui ont besoin d'oubli fussent oubliés : ils n'auroient point paru sur la scène politique.

Voilà le véritable système qu'il vous impor-

toit de propager , le seul capable de consolider la monarchie légitime. Jamais, non jamais,
il ne falloit devenir l'ami, le protecteur, ni
l'allié des traîtres, des brigands, des ennemis
de son Roi, des hommes des cent-jours : toujours il falloit leur refuser le pouvoir, et même
leur rire au nez, quand pour la première fois ils
osèrent le demander, en supposant que vous ne
l'ayez point offert.

Il falloit s'appuyer sur les hommes monar-
chiques, et pour ma part j'en connoissois bon
nombre sur lesquels on pouvoit compter.

Vous écriviez à M. de Remuzat qu'il impor-
toit de propager votre système !.. il ne se propage que trop de lui-même, puisqu'il sape les
fondemens du trône , puisqu'il tue la monarchie : et qui devoit vous empêcher de le propager , votre affreux système ? qui ? moi ! un
pauvre diable dont les blessures encore sai-
gnantes attestoient son dévouement à la cause
royale, et que son zèle pour la servir venoit de
réduire à l'aumône ! étoit - ce mes prétentions
outrées ? elles ont toujours été infiniment au-
dessous de mes sacrifices.

Le quart de ce qu'on donne aux assassins qui ont fait couler sur l'échafaud le sang de l'infortuné Louis XVI, suffisoit à celui qui a versé le sien pour Louis XVIII; et vous aviez compris vous-même que ce n'étoit pas trop, après avoir lu la lettre suivante adressée à Sa Majesté.

SIRE,

Je ne puis résister à la douleur qui me presse, à l'horreur qui m'environne, à l'agonie de mes enfans. Je sais qu'on devient importun, qu'on se rend odieux en demandant, même ce qui est juste, je le sais. Mais mon cœur paternel crie, ma tête est bouleversée, je voudrois être mort, et l'intérêt de mes enfans me retient à la vie.

SIRE, prenez pitié d'un père au désespoir, d'un homme qui vous a servi, qui a été emprisonné, assassiné, massacré, laissé pour mort dans les cent-jours; qui s'étoit dévoué tout entier à la cause royale.

Je ne doute pas que mon infortune n'excitât quelque sentiment dans le cœur de Votre Majesté; mais vos ennemis et les miens sont à votre oreille , eux seuls vous environnent , eux seuls occupent les premières places de l'Etat, eux seuls empêchent Votre Majesté d'être juste. Ces brigands ignorent ou feignent d'ignorer que la première vertu d'un Roi , c'est la reconnoissance ; que l'ingratitude flétrit le diadème, qu'elle fournit des armes aux amis et aux ennemis de Votre Majesté.

Je croirois même qu'il existe une ligue secrète contre les hommes les plus dévoués. Mon exemple n'est pas le seul , et je connois tel individu qui a fait plus que moi , et qui n'est pas même consolé.

SIRE , il faut le dire à Votre Majesté : j'ai de tristes pressentimens sur l'avenir ; tout tend à l'affoiblissement de l'autorité légitime pour arriver à un changement de dynastie. Déjà , chose étonnante ! les libéraux, les jacobins, les républicains, fiers de leurs succès , regardent tous les emplois du royaume comme leur propriété exclusive ; et Votre Majesté ne s'aperçoit pas qu'en ranimant cette canaille, elle redonne au torrent révolutionnaire toute son impétuosité.

Pardonnez , Sire , la hardiesse d'un sujet à qui ses infortunes ont du moins acquis le droit d'en rechercher la cause.

Je suis , Sire ,

DE Votre Majesté ,

Le fidèle sujet

Le baron DE Satgé.

Paris, 13 février 1817.

On voit par ces lettres que je n'ai pas attendu que M. de Cazes quittât le ministère pour dire ce que je pensois de lui ; on le voit encore mieux dans l'ouvrage qui a pour titre : *Esprit de MM. de Chateaubriand , de Bonald* , etc. etc., dont je suis l'auteur et l'éditeur. Je ne doute pas que si Sa Majesté avoit lu cet ouvrage d'un bout à l'autre, elle n'eût ordonné la mise en jugement de son favori. Une preuve de la trop grande bonté de notre Monarque, c'est qu'il n'en fallut pas la millième partie à *Assuérus* pour perdre *Aman.*

Faisons ici une simple énumération des crimes dont on accuse le traître ; crimes qui ne sont ignorés que des aveugles volontaires, ou des hommes dont le perfide a surpris la religion; lui seul peut les nier sans honte; ils sont graves et impardonnables. Je vais les faire connoître en gros : le détail en seroit trop fatigant.

On l'accuse, 1°. de s'être fait investir d'une confiance sans bornes pour sauver la royauté, et de s'en être servi pour restaurer la révolution.

2°. D'avoir méconnu la fidélité, honoré le parjure, réhabilité les traîtres et réarmé la trahison.

3°. D'avoir prodigué aux royalistes l'insulte et le mépris, en inventant pour eux d'injurieuses dénominations.

4°. D'avoir fait dissoudre la Chambre *introuvable*, au lieu d'en diriger le zèle, d'en employer les talens et les vertus.

5°. D'avoir envoyé des commissaires dans les départemens pour faire exclure les royalistes, et nommer les hommes qui avoient proscrit les Bourbons.

6°. De s'être servi de la confiance de son maître pour creuser le tombeau de la monarchie légitime, en organisant la trahison contre elle.

7°. D'avoir employé le sophisme, la flatterie, le mensonge, la perfidie, l'absurdité même, pour prouver au Roi qu'il ne devoit pas régner selon ses devoirs, ses droits et sa justice.

8°. D'avoir mis la royauté elle-même dans le cas de mettre en œuvre, pour se détruire, les moyens qui lui étoient donnés pour se conserver.

9°. D'avoir rebuté les hommes qui avoient servi la monarchie légitime, pour donner toute sa confiance à ceux qui l'avoient trahie.

10. D'avoir, sur cent mille francs qu'il avoit de traitement, su économiser quelques millions dans quatre ans, à ce non compris la nourriture des ventrus.

11°. D'avoir entretenu une infâme correspondance privée contre les royalistes les plus dévoués.

12°. D'avoir approuvé, autorisé, soudoyé les doctrines perverses et les déclamations révolutionnaires.

13°. D'avoir tenté de diviser la famille royale, crime pour lequel furent pendus jadis Pierre de la Brosse et Olivier Le Daim.

14°. D'avoir veillé à la sûreté du trône à l'aide d'une police buonapartiste.

15°. D'avoir foulé à ses pieds la Charte, en rappelant, par une ordonnance, les régicides bannis par une loi.

16°. D'avoir mis la France catholique sous la surveillance d'un protestant.

17°. D'avoir destitué les serviteurs fidèles, pour anéantir le parti monarchique dans une monarchie.

18°. D'avoir reculé les bornes connues de la perfidie et de l'ingratitude à l'égard des royalistes les plus dévoués.

19°. D'avoir soldé le crime et perfectionné l'immoralité.

20°. D'avoir couvert la France d'imposteurs, de factieux insolens, de calomniateurs effrontés.

21°. D'avoir repoussé avec fureur la sage proposition de M. Barthélemy et le vœu de la France.

22°. D'avoir donné au Roi l'assassin de son frère pour député, en retour de ses immenses bien faits.

23°. D'avoir porté le délire de l'arbitraire au

point de prétendre commander aux tribunaux, et faire censurer leurs arrêts.

24°. D'avoir employé chaque instant de sa funeste existence à tromper son maître, à bouleverser la France, pour assouvir sa haine, et satisfaire une ambition que rien n'a justifiée.

25°. D'avoir payé des écrivains pour faire l'éloge de la révolution; de cette masse de fraude, de violence, d'oppression, de servitude, de scélératesse et d'impiété.

26°. D'avoir rappelé aux honneurs et à l'exercice du pouvoir les auteurs et fauteurs d'une trahison dont le Roi lui-même a déclaré que les annales du monde n'offroient point d'exemple.

27°. D'avoir rendu public le manuscrit de Sainte-Hélène, dans lequel Buonaparte parle de lui-même comme d'un être d'une nature supérieure, préconise toutes les conceptions de son esprit, la profondeur et l'étendue de sa politique.

28°. D'avoir été l'agent d'affaires de l'ex-reine Hortense.

29°. D'avoir préparé la chute du trône et le triomphe de la révolution.

3o°. Et enfin d'avoir été au moins, par son affreux système, le principal assassin du meilleur des princes, etc.

Que cet homme étoit ridicule quand il disoit : *Notre marche n'est pas prête à changer ; elle ne changera jamais. Elle n'est point née du hasard, du caprice, ni de l'opinion personnelle des hommes investis en ce moment de la confiance du Roi ; elle est l'effet de la volonté, de la haute sagesse qui préside à nos destinées.*

Il appeloit *haute sagesse* ce qui n'étoit autre chose à tous les yeux qu'un moyen infaillible de renverser le trône et d'incendier la France d'un bout à l'autre.

Il ne faut pas croire, M. Mounier, que j'aie exagéré les forfaits de votre illustre ami, de cet ami si cher, si intime, de qui vous tenez la plus importante place du royaume ! Tous les royalistes qui ont écrit sur son compte en ont dit autant ; tous ont reconnu qu'il a profité de la bonté de Sa Majesté pour couver dans l'ombre sa ruine.

L'un d'eux trouve le tableau des cinq années de son administration si fertile en crimes, qu'on seroit tenté, si l'on ignoroit les époques, de leur donner la durée d'un siècle.

Tout ce que l'audace a de plus extravagant, dit-il; la perversité, de plus criminel; la vengeance, de plus atroce; les doctrines, de plus anti-social; l'ingratitude, de plus révoltant; le machiavélisme, de plus perfide; l'imposture, de plus cynique; la persécution, de plus implacable; la lapidation, de plus effréné; la cupidité, de plus abject; l'orgueil, de plus révoltant; l'ambition, de plus insensé; l'irréligion, de plus éhonté, se trouve dans ces cinq années funestes.

Mais ce qui donne au visir favori plus de droit à l'exécration publique, et à celle de la postérité, c'est que l'action de tant de crimes, au lieu de se concentrer dans la malheureuse France, menaçoit l'Europe entière d'une subversion générale, d'un bouleversement total.

C'est à Fouché le régicide que nous devons M. de Cazes. Fouché; ô honte! ô douleur! Fouché reste ministre à la seconde restauration, comptant sur lui, le désigne pour la préfecture de police de Paris. Fouché est renversé, son protégé lui succède, et, après cinq années de trahi-

son, *de prévarication, et de calamité, nous en-tendons une voix mourante s'écrier* : O ma patrie ! malheureuse France !

Ainsi, les dernières paroles sorties d'une bouche si précieuse ont confirmé ce que nous avions tant de fois prédit en voyant M. de Cazes se jeter à corps perdu dans les torrens des hommes corrompus. Un des plus mauvais présens qu'il ait fait à la France, et celui qui, à mon avis, met le comble à sa perfidie, c'est le choix scandaleux qu'il a fait d'un secrétaire de l'usurpateur, pour diriger toute l'administration du gouvernement légitime. Est-ce que *M. Mounier* seroit plus en état que M. de Salaberry ou de La Bourdonnaye ? ou ne l'auroit-il mis là que pour maintenir le scandale, que pour présider aux funérailles de la monarchie que le misérable a tuée par son système (1) ?

Si le délire d'un pareil système n'est pas prouvé

---

(1) Un jour nos enfans mettront en concours pour sujet de prix cette question, savoir : lequel a fait plus de mal à la France et à l'Europe, du système décazien, ou de la révolution française, y compris le règne de Buonaparte ?

par ses affreux résultats, il n'y a plus rien à es-
pérer pour Sa Majesté, pour son auguste famille ni pour la France. Mais si le Roi ouvre enfin les yeux, et qu'il prenne conseil des hommes
que la confiance publique lui désigne , l'avenir
peut encore être assuré et la monarchie sauvée ;
mais le temps presse ; car *on ne sauve pas un Roi
malgré lui*, dit M. de Bonald ; et M. Chayles ,
je veux dire l'être le plus pauvre d'esprit qui
existe sur la terre, comprendroit cela.

On croyoit que le nouveau ministère remédie-
roit à tous les maux qui nous menacent, sans
faire attention que ce ministère a été choisi par
le fléau de son pays. On croyoit du moins qu'il
alloit purger les administrations des hommes gan-
grenés qui s'y trouvent , et point du tout. Le
sieur Malhouet, qui, après l'affreuse nouvelle
de l'assassinat de Mgr le duc de Berry , *passé
une partie de la nuit au bal*, a obtenu une préfecture meilleure que celle qu'il avoit. D'autres
qui ont présidé les fédérés, pendant les cent-
jours, et qui sont très-bien placés ; d'autres aussi
qui ont été secrétaires du régicide Fouché, et qui
ont de très-bonnes préfectures. Voilà dans quelles

dispositions on trouve le ministère ; voilà ce qui me fait dire , comme l'excellent prince que nous avons perdu : *O ma patrie ! malheureuse France !* Soit incurie , soit foiblesse , soit trahison , on se traîne péniblement , on semble ignorer que pour soutenir le trône , il faut l'entourer de ses appuis naturels.

Qui ne seroit pas honteux de faire un problème de cette vérité ? Demandez , je ne dirai pas aux savans , pour eux la question seroit oiseuse , mais aux charbonniers qui tiennent leurs assemblées sur les rives de la Seine ; demandez-leur qui , sous un Roi légitime , doit avoir l'autorité , de ses amis ou de ses ennemis ? Ces messieurs n'ouvriront pas la bouche ; mais ils pencheront la tête et leveront les épaules , de compassion. Et si le système suivi fait pitié à de tels hommes , quel sentiment peut-il inspirer à ceux qui pensent et qui raisonnent ?

Un publiciste a dit avec beaucoup de raison que : *La connoissance des hommes et le talent de les mettre à leur place sont indispensables à quiconque est appelé à gouverner les peuples. Qu'avec cet esprit de discernement ; on n'est ni le jouet des ambitieux, ni la dupe des hypo-crites ; que les opinions sont pesées, les talens appréciés, les actions jugées, les consciences approfondies, et surtout les empires ne sont pas la proie de l'inexpérience ou de la trahison. Il seroit facile de prouver que toutes les révolutions naissent de la fausse position où sont les hommes dans l'ordre social. Loin de nous le faux système, qu'on peut faire le bien avec tous les hommes in-distinctement ! Le trône de saint Louis sauvé par ceux qui deux fois l'ont renversé : voilà un mi-racle que jamais je ne croirai possible.*

Le miracle seroit déjà très-grand, si M. le baron Mounier, directeur-général de l'administration départementale et de la police, c'est-à-dire, l'homme qui aujourd'hui a tout le pouvoir en main, parvenoit à sauver la France ! lui dont un ancien officier de paix m'a raconté des choses qui font frémir ! J'en ai consigné une partie dans deux lettres que M. le directeur a reçues, et qui feront l'objet d'une troisième brochure.

Il y a de bonnes gens qui ne savent pas encore ce qui a pu inspirer tant d'audace aux ennemis des Bourbons, connus sous le nom de libéraux,

d'indépendans, de jacobins, de républicains
enfin ; qui tous ensemble ne seroient rien , sans
l'appui que leur a prêté le pouvoir. Que si
l'on cherche le motif de l'audace de ces mi-
sérables , on le trouvera dans cette croyance
générale qu'ils sont protégés par l'autorité , et
enhardis par la conduite de certains hommes.

Ce qui paroît incroyable à M. Mounier est
pourtant vrai. Un ministre , comblé de toutes
les faveurs du Roi , a trahi le Roi , son pays et
l'Europe monarchique ; il a ressuscité, comme
je l'ai dit ailleurs, tous les ennemis de la royauté ;
et il ne falloit pas moins que toute sa perfidie ,
pour donner du crédit aux hommes et aux choses
de la révolution.

*Qui pourra calculer les fautes commises de-
puis quatre ans ?* disoit M. de Chateaubriand.
*L'Europe , au moment de la révolution , cou-
ronna la légitimité , et les ministres de la légitimité couronnèrent la révolution.*

« C'est eux, dit M. le général Donnadieu,
» qui ont tout flétri, tout corrompu, tout avili,
» ils se sont corrompus eux-mêmes; le mal qu'ils
» ont répandu a germé dans leurs mains......

» En proscrivant, en frappant les serviteurs du
» Roi, n'ont-ils pas indiqué qu'il falloit en de-
» venir l'ennemi?..... Il a fallu à la légitimité
» cette puissance surnaturelle qu'elle reçoit de
» Dieu même, pour avoir résisté à cette conti-
» nuité de folies, d'extravagances et d'iniquités
» de tout genre qui auroit fait tomber les em-
» pires les plus forts et les mieux constitués....
» Si on a trahi le prince et l'Etat, tout le crime,
» toute la trahison est dans le ministère, qui,
» lui-même, périt sous l'empire de la bureau-
» cratie, véritable vermine qui corrode, qui
» ronge et dévore tout en France.... Tant que
» les hommes créateurs de cet ordre de choses
» seront au timon des affaires, aucune injustice
» ne sera réparée ; vous continuerez à être gou-
» vernés par ce système bâtard qui énerveroit
» la nation la plus forte.... Retirez-vous, mi-
» nistres ! »

M. le général Donnadieu a tort de craindre
les ministres qui ont partagé les travaux de M. de
Cazes, ou qui ont été désignés par lui. Je vais
lui prouver qu'on peut les garder encore plus de
six mois, sans danger pour la monarchie, et

voici mon calcul : il est reconnu qu'au retour des Bourbons, tout le monde étoit royaliste, puisque *l'allégresse fut générale, l'enthousiasme universel!* eh bien ! supposons que le ministère leur ait fait pendant cinq ans dix mille ennemis par an : cela ne feroit que cinquante mille. Supposons qu'il en fasse autant dans les six mois que je présume qu'il peut rester, cela ne fera jamais que cent mille, qui ne seront rien auprès de vingt-huit millions de Français.

Et, ce n'est peut-être même pas volontairement que certains ministres font des ennemis à la monarchie légitime , je croirois plutôt que c'est leur seule présence qui les crée et qui leur donne plus d'audace , plus d'énergie, plus d'assurance , plus d'espoir de succès.

Tout gît donc, tout gît encore dans cette proposition : changer les hommes avant les institutions. Si on veut la république , on n'a qu'à prendre des ministres républicains ; si on veut la royauté, on n'a qu'à prendre des ministres royalistes. Quel est l'ennemi des Bourbons, par exemple , qui ne compteroit pas autant sur M. Mounier que sur M. de Cazes , son cher ami? Le premier, je le répète, a été plus de dix ans secrétaire de Buonaparte, tandis que l'autre ne l'a été que trois de la mère de cet usurpateur. Non, non, jamais de tels hommes ne seront dans le cas d'en imposer aux révolutionnaires.

Un sot comprendroit cette vérité, et l'homme le plus spirituel de son royaume ne peut la comprendre, parce qu'il est trompé, parce qu'il est trahi, parce qu'au lieu de sujets fidèles, il prend des agens perfides, et que tout s'altère, se corrompt, en passant par leurs mains déconsidérées et suspectes.

M. Mounier dit beaucoup de bien de M. de Cazes, et il a raison; moi, j'en dis beaucoup de mal, et je n'ai pas tort, dans l'intérêt du Roi, de la France et des monarchies légitimes. N'est-ce pas lui qui a placé ses amis à la tête des affaires? et n'est-il pas plus que démontré, par les premières notions du sens commun, que tout ce qui émane de la trahison est dangereux et suspect?

Trente années de malheurs sont la leçon des Rois et des ministres. Ces derniers devroient avoir appris que ce n'est pas en composant avec les doctrines qui conduisent à la révolte, qu'on en neutralise le danger ; qu'une fois qu'elles ont acquis un certain développement, l'autorité devient insuffisante pour en arrêter les progrès.

On peut vaincre la révolution, dit M. de Bonald, *on peut la détruire ; mais on ne sauroit jamais l'arrêter. Celui qui ne sait pas cela, n'est et ne sera jamais qu'un sot. Pensez à Louis XVI, pensez à Marie-Antoinette, pensez à Madame Elisabeth, pensez à l'enfant royal, au duc d'Enghien, au duc de Berry ; et après cela, ménagez la révolution !* Le génie de la destruction ne s'arrête point devant la clémence.

On a dit que jamais Roi, que jamais homme ne fut plus vertueux que Louis XVI, et on l'a dit avec raison ! Bon père, bon mari, bon maître, il eut toutes les qualités du cœur ; il avoit aussi celles de l'esprit. Si ce Monarque, en gouvernant la France, n'eût suivi que l'impulsion de sa seule volonté, la révolution ne fût point arrivée ; deux millions d'hommes qui sont morts pour les chimères du libéralisme, existe-roient encore, et la nation vivroit paisible.

Mais, par un malheur dont l'Europe ressentira long-temps les effets, Louis XVI se défioit de lui-même! Il consulta et fut induit en erreur; il se fia à des ministres, et fut trompé par eux : ces hommes criminels s'attachèrent au char de la révolution, et traînèrent à l'échafaud le Roi qui les avoit comblés de bienfaits.

Exemple terrible, et qui doit instruire les souverains! Maurepas, Turgot, Saint-Germain, Necker, Calonne, le cardinal de Brienne, aucun de ces hommes ne comprenoit la monarchie française, et il eût suffi de l'un d'eux pour la renverser. Avoient-ils plus d'ineptie ou de mauvaise foi que certains de ceux que nous avons vus de nos jours? Je ne le pense pas.

Ainsi donc, que l'expérience du passé serve de leçon pour l'avenir. Personne n'ignore qu'une poignée de brigands fit la révolution en France, sous prétexte de corriger quelques abus, et que nous fûmes plongés dans la plus cruelle des tyrannies.

Dès ce moment, la religion fut avilie, les lois foulées aux pieds, les propriétés envahies, les vrais Français emprisonnés, jugés et égorgés selon le caprice d'une foule de bandits et de scélérats couverts de crimes, de sang et de carnage. Biens, femmes, enfans, repos, tout fut enlevé, puis ces monstres assassinèrent leur Roi.

O épouvantable destinée ! il cède au mouvement de son cœur ; il entoure son trône des représentans de ses provinces ; il se dépouille généreusement de ses plus belles prérogatives ; et plus il accorde, plus on lui demande. Quel abandon ! quelle clémence, d'une part ! de l'autre, quelle soif du pouvoir ! quelle ingratitude ! Suivez cette odieuse et désastreuse gradation : de trois assemblées que sans lui la France n'eût jamais vues, la première le dépouille de son autorité, la seconde de sa liberté, la troisième lui arrache la vie.

Quelle honte pour ce siècle, et pour les hommes qui semblent n'être pas satisfaits de ce terrible attentat ! On lui faisoit de belles promesses au fort même de la tempête ; mais qui ? les traîtres qui l'environnoient, et qui aigrissoient le mal, au lieu de le guérir. Inutilement il appeloit à lui les ministres ! il n'y a ni lumières ni secours à attendre d'eux, lorsqu'ils sont infi-dèles ; et ils le sont toutes les fois qu'ils mettent ou laissent le pouvoir dans des mains perfides.

Ainsi nous avons vu, et nous voyons la cause de tous les maux, le secret d'un aveuglement sans exemple, dans le système qui a donné et donne encore tout le pouvoir aux ennemis des Bourbons.

Au milieu de ses bourreaux, Louis XVI conserva sa fermeté, toute sa raison, pour tracer un testament qui est comme le réservoir de sa belle âme, un testament qui est le monument le plus touchant de toutes les vertus royales, de toutes les vertus personnelles, de toutes les vertus humaines. Pleurons un si bon Roi, un si malheureux, un si vertueux prince ; mais plaignons sa débonnaireté que son successeur surpasse encore d'un degré incommensurable.

Louis XVI a dit : *Je pardonne à mes bourreaux;* mais il n'a pas dit : J'entends que mes successeurs règnent sous leur influence. Il a dit : *Vous ne me vengerez point;* mais il n'a pas ajouté : Vous les récompenserez en laissant triompher leurs principes. Il a dit : *Je vous laisse le soin de récompenser mes fidèles serviteurs;* ce qui ne veut pas dire : Oubli de leurs misères, union avec leurs ennemis.

En France, avec un Roi légitime et l'expérience du passé, il ne falloit pas du talent pour écraser le monstre révolutionnaire ; il ne falloit que du caractère et de la bonne volonté. Echappés à leurs propres fureurs, les factieux cachoient leur confusion, quand un homme *de peu*, un traître, un perfide les pria de relever la tête sous le nom de libéraux.

J'accuse aussi de cet aveuglement sans exemple, un système qu'on ne peut expliquer que par la trahison, le délire et la sottise. Que si, à la place d'un Mounier, chétif secrétaire de Buonaparte, et de deux ou trois autres procureurs fondés du serpent réchauffé, on mettoit des hommes *d'une vertu active et vigoureuse, on verroit s'évanouir devant elle l'audacieuse lâcheté du crime.* Il y avoit des chênes pour appuyer le trône légitime, et l'on a choisi des roseaux pourris. *O ma patrie ! malheureuse France !* Tout est perdu quand les bonnes intentions manquent, et qu'on repousse les hommes qui en sont pleins.

3.

Qu'attendre d'un gouvernement qui affecte de voir dans la fidélité un crime, et dans la trahison une vertu ; d'un gouvernement qui récompense ceux qu'il faudroit punir, et qu punit ceux qu'il faudroit récompenser ? C'est le coup le plus assuré et le plus funeste que la perfidie ministérielle puisse porter à l'autorité royale.

On l'a dit mille fois ; on peut le répéter encore : la maladie de la France est dans quelques hommes suspects dont la puissance a pour talisman le nom du Roi qu'ils trompent, et qu'ils ne cessent de tromper depuis cinq ans.

Ce n'est qu'au nom sacré du Roi, ce n'est qu'à ce nom magique en France qu'on a essayé de fausser la pensée et l'opinion. Le nom du Roi commande en France à l'opinion et à la pensée, à tous les esprits et à tous les cœurs : un seul mot sorti de sa bouche console ou désespère tous les vrais Français, c'est-à-dire, cette immense majorité dont la fidélité, le courage et le dévouement devroient porter de si douces espérances dans son cœur.

Que les yeux du monarque soient dessillés ; que le Roi parle ; qu'il chasse de sa présence les créatures de l'homme du malheur ; qu'elles tombent avec leur créateur, qu'elles disparoissent avec leur soutien, leur ami, leur complice ; avec l'homme qui, cuirassé du nom du Roi, et armé du pouvoir, a dirigé et dirige peut-être encore la France au gré de son délire qui fait pitié, ou de ses desseins qui font horreur.

Un doctrinaire a dit que le mal étoit dans le mal. Il se trompe, le mal est dans la trahison. Ce n'est pas telle loi qui est mauvaise, c'est le ministère qui ne vaut rien : il souille tout ce qu'il touche ; il corrompt, il gangrène la monarchie. Si son pouvoir ne tombe pas avec lui, c'est la monarchie des Bourbons qu'il fera tomber et tomber de pourriture, fût-elle appuyée sur les lois de Minos et de Numa.

Souverains légitimes ! représentans du ciel sur la terre, ouvrez les yeux ! écartez les hommes trompeurs ; n'accordez votre confiance qu'à ceux qui la méritent. Ecoutez le langage de la fidélité et les accens prophétiques d'un défenseur entrépide de vos droits outragés ; il vous crie de toute la force de sa raison :

« Rois qui dormez sur des trônes chancelans

et minés de toute part, ne vous éveillerez-vous donc qu'au fracas de votre propre chute, et quand ce trône, en s'écroulant, vous écrasera de ses débris ? La foudre révolutionnaire gronde, menace, elle va frapper ; réveillez-vous ! il en est temps encore ; demain peut-être il sera trop tard. Réveillez-vous pour soutenir, pour venger les principes de la société, les droits du trône, la liberté de vos sujets et votre vie ; oui, votre propre vie, contre les ennemis de toute société, de tout pouvoir légitime, de toute liberté, de toute religion. »

Un tel état de choses ne peut pas durer. Ou les principes royalistes prévaudront, ou les doctrines révolutionnaires reprendront leur empire. La première hypothèse nous fait rentrer dans l'ordre, le bonheur et la paix ; la seconde nous jette dans le désordre, la confusion, l'anarchie, la guerre civile, et dans tous les maux imaginables : choisissez.

Mais en choisissant, faites attention à ces paroles d'un sage : *La conduite des souverains règle le destin des empires ! Ils ont tout, excepté des amis fidèles : l'abondance et l'éclat qui les*

environnent leur cachent cette secrète indigence.
L'histoire n'appliquera point cette maxime à Sa Majesté Louis le Desiré ; elle dira seulement que ce prince fut très-malheureux dans le choix des hommes auxquels il accorda sa confiance. Elle lui reprochera peut-être d'être resté sourd aux avertissemens réitérés de tout ce que la société renferme de plus digne de confiance : d'autant que les sept années de son règne qui viennent de s'écouler emportent avec elles autant de catastrophes accomplies que de prédictions dédaignées.

Voici comment s'exprime, à ce sujet, M. Duplessis-Grénèdan : « Dès la première restauration, parut à la tête du département du ministère, l'un des généraux les plus dévoués à Buonaparte ; il ne se dément point ; le Roi trahi par lui, la France est livrée une seconde fois à l'usurpateur. Au retour du Roi, le perfide Fouché prend en main les affaires, il fonde tout le système suivi depuis ; à Fouché succède un homme sorti de la cour des femmes de Buonaparte. Elève de Fouché, il suit ses leçons, il devient l'âme du ministère. La dissolution de la Chambre de 1815, les élections, les conspirations de Grenoble et de Lyon, la lâche persécution contre les généraux Canuel et Donnadieu, la pairie dénaturée, marquent son administration, l'assassinat du duc de Berry la termine.

» Ici les cris d'alarmes et les gémissemens de toute la France font concevoir qu'on a été trop loin, et que la faveur accordée à la révolution peut devenir dangereuse à ses protecteurs.

» L'homme que la France accuse d'une commune voix, s'est retiré : c'est encore de l'école de la révolution que sortit l'un de ses successeurs (Siméon); il est assisté d'un jeune élève de Buonaparte (Mounier). L'ancien esprit persévère dans le même système; et l'on voit sous ce ministère des émeutes, des conspirations, des attentats nouveaux, des révoltes dans les Etats voisins, sorties de la France et réagissant sur elle avec une effrayante facilité. »

On a vu des Rois s'endormir quelquefois sur le trône; mais aucun ne s'y est assoupi vivant sans jamais se réveiller, et attendre là son entière ruine. Un Roi, ce me semble, devroit trouver fort commode d'avoir des ministres dont il n'auroit rien à craindre ; qui fussent même, comme l'épouse de César, à l'abri du soupçon.

Que si tous les royalistes du monde réunis cherchoient le moyen de sauver la France, ils le trouveroient comme moi, j'en suis sûr, dans la confiance qu'inspireroient certains hommes, s'ils étoient appelés au ministère !

Mais, ne diroit-on pas que l'amour de la justice est un sentiment éteint ? qu'un souffle contagieux en a fait mourir le germe même ? point de récompense pour la fidélité, point de faveur à répandre que sur la trahison ; rien de sage, rien de pensé, rien de grand, rien d'estimable ; partout la médiocrité, le ridicule, le scandale ou la sottise. On pèse la vertu au poids du crime, et le crime au poids de la vertu. Erreur fatale ! On dispense les charges, on prodigue les honneurs à ceux qui ont juré de bannir la royauté ! tandis qu'on humilie et qu'on exile ceux qui ont versé leur sang pour elle.

O fatal aveuglement ! ô temps déplorable, où il faut cacher les services rendus ! Prince infortuné, ce n'est pas vous que j'accuse, c'est la fatalité qui nous poursuit; ce sont vos ministres *incapables non seulement de faire le bien, mais de le comprendre.*

Il seroit à souhaiter qu'un prince, qu'un ami, qu'un bon Français pût dire au Roi lui-même : SIRE, réveillez-vous, ouvrez les yeux, voyez ce qui se passe; sondez la profondeur de la plaie, et venez, quoiqu'un peu tard, au secours de la patrie et de vous-même. On prédit la chute du trône si vous ne faites rien pour le consolider. Des ministres franchement royalistes sont le meilleur appui que vous puissiez lui donner; ils auront beaucoup à faire pour vous sauver, mais ils vous sauveront : les ressources de la vertu sont infinies.

Le mal est grand, SIRE, et Votre Majesté ne peut y apporter aucun remède si elle conserve le ministère actuel. Que fera-t-elle avec M. de Richelieu qui, seul peut-être, mérite l'estime et la confiance de tout le monde? Que fera-t-elle avec M. Siméon, vieillard et enfant de la révolution? Que fera-t-elle avec un niais comme Mounier, qui fut long-temps secrétaire de l'usupateur, et auquel il demandoit une préfecture *pendant les cent-jours?* Que fera-t-elle, Votre Majesté, avec Portal, dont on connoît la rare intimité avec l'homme du malheur? Que fera-t-elle avec M. Roy, qui possède des biens immenses, acquis sur des malheureux qui se sont sacrifiés pour votre cause, *et qui a fait son entrée dans la carrière politique par la Chambre des cent-jours?* Que fera-t-elle, Votre Majesté, avec M. Pasquier, *bon à tout et propre à rien, surnommé l'excellence à toute selle?*

L'estimable général Donnadieu a si peu de confiance dans ces hommes, qu'il est d'avis de leur refuser l'impôt; ajoutant qu'avec eux *la France restera toujours dans une espèce d'agonie.* S'il faut des siècles, comme dit Tacite, pour réparer les erreurs d'une année, qu'attendre d'un gouvernement si lent à se corriger? *La morale publique en gémit, la fidélité s'en indigne, et la vertu contemple avec douleur l'abîme qui doit l'engloutir à jamais.*

Cette pensée, je suis Roi, ferme-t-elle le chemin du cœur, et toutes les avenues de l'âme, pour étouffer les plus beaux sentimens, ceux de la justice et de la reconnoissance? je ne le pense pas ; car il est une autre pensée qui désenfle de l'orgueil, et rend un calcul exact de son être ; je veux dire, celle de la mort, si bien exprimée dans ces vers :

Plus on est élevé, plus la chute est terrible,
Et du trône au cercueil le passage est horrible.
Sur l'univers entier la mort étend ses droits :
Tout périt, les héros, les ministres, les Rois.
Rien ne surnagera sur l'abîme des âges ;
Ce monde est une mer couverte de naufrages.
Qu'importe, lorsqu'on dort dans la nuit du tombeau,
D'avoir porté le sceptre ou traîné le râteau ?
L'on ne distingue plus l'honneur du diadème :
De l'esclave et du Roi la poussière est la même.
Peuple, d'un œil serein envisage ton sort,
N'accuse point la vie et méprise la mort :
La vie est un écueil, la mort est un asile ;
Ton sort est d'être heureux, ta gloire est d'être utile ;
Le vice seul est bas, la vertu fait le rang,
Et l'homme le plus juste est aussi le plus grand.

La dernière phrase poétique me paroîtroit libérale, si le libéralisme, tel qu'on l'entend aujourd'hui, avoit quelque chose de commun avec la vertu. Le dernier vers, par exemple, est d'un poids assommant pour celui qui manque de reconnoissance. Le meilleur des écrivains de ce siècle a dit quelque part que *les portes de l'enfer étoient moins odieuses que les ingrats.*

L'assassinat d'un prince, au 13 février, et le projet d'égorger le Roi et la Famille royale, le 19 août, ne sont que la conséquence de ce principe ministériel : Il faut récompenser la trahison, et punir la fidélité.

M. de Chateaubriand a prouvé qu'au lieu d'étouffer le germe du mal, le ministère l'a créé. Voici comme il s'exprime à cet égard :

« Tel qui, au retour du Roi, se seroit estimé heureux d'être oublié, a appris qu'il étoit un personnage, et qu'on parloit de lui donner des garanties. D'abord il n'osoit se montrer ; il sollicitoit humblement les amis du trône de lui faire obtenir son pardon : voilà qu'on lui déclare que c'est à lui de protéger les amis du trône. Tout étonné, il sort de sa retraite ; il en croit à peine ses yeux, il est persuadé qu'on se moque de lui ; mais enfin il reconnoît, sans pouvoir le comprendre, que la chose est très-réelle, très-sérieuse ; que c'est à lui qu'appartiennent les récompenses et les honneurs ; il accepte avec dédain, et sans être satisfait : il ne le sera que quand il aura renversé la monarchie légitime. »

Ainsi donc, tous les maux viennent de ce qu'on accorde sa confiance à des hommes qui ne la méritent pas : c'est, je le dirai jusqu'à satiété, l'erreur la plus dangereuse et la plus funeste pour le trône et pour la France.

Il est facile à notre Monarque d'environner son nom de l'affection de tout le monde. Il n'a pour cela qu'à composer le ministère de ces hommes, ou plutôt de ces demi-dieux, que la confiance publique désigne si clairement. Mais pour prendre ce parti salutaire et si convenable à sa gloire, il faut qu'il se rappelle que déjà il doit tout à ces hommes ; oui, tout, même la vie ; il la doit à leur amour, à leur courage, à leurs talens, à leur patience.

Ici, une réflexion forte de vérité, de sentiment et de raison, vient à ma pensée. Par quelle fatalité le premier Roi de la terre se seroit-il entouré de ses ennemis plutôt que de ses amis ? Par crainte ? il ne devoit pas en avoir :

les uns l'auroient garanti des autres, et si bien, que les révolutionnaires n'auroient pas osé respirer, tant ils étoient bouffis, confus et étouffés par leurs crimes. Il étoit digne de la sagesse royale de fermer les yeux sur beaucoup de choses ; mais confier son pouvoir à ses ennemis, c'est....., de quelle expression me servirai-je ? c'est s'étrangler soi-même.

Voilà le levain qui aigrit et corrompt le corps politique, et qui le tuera. Je ne dis pas que la royauté soit perdue, mais j'aurai de la peine à croire qu'elle soit sauvée, tant que je verrai ses ennemis à la tête des affaires ; et si jamais j'ai vu un miracle, c'est de la voir encore exister malgré ce cancer. Encourager la trahison par des récompenses, intimider la fidélité par des punitions, voilà ce qu'on appelle des restaurations.

La droiture, la bonne foi, la franchise, sont la plus sage des politiques. La droiture se fait respecter de ceux même qui n'en ont pas. Le mensonge et l'obliquité sont des signes de foiblesse ; la franchise et la vérité annoncent les grandes âmes ; elles sont faites pour en imposer à ces génies rétrécis qui n'ont pas le courage d'être vrais.

L'intérêt du ministre injuste, est que le prince soit foible ; alors il est sûr d'en tirer parti, et de régner lui-même. Rien de plus incommode ni de plus fâcheux, pour un ministère corrompu et qui vit de désordre, qu'un prince ferme, actif, clairvoyant et ami de l'équité ; c'est qu'alors le ministère ne peut ni trahir, ni voler, ni commettre tous les crimes.

D'où vient la gloire immortelle des Titus, des Antonin, des Marc-Aurèle ? de leur discernement dans le choix de leurs ministres. Ils les choisirent si honnêtes et si vertueux, si pleins de savoir et de mérite, qu'ils s'estimoient heureux de pouvoir les consulter, quoiqu'ils fussent eux-mêmes très-éclairés.

Prince français, si vous voulez régner pour le bonheur de votre peuple, si vous voulez faire respecter et chérir votre puissance, éloignez de vous les hommes suspects ; s'ils vous flattent, c'est pour mieux vous tromper. L'iniquité, la calomnie, la ruse et la perfidie, voilà ce qui les distingue, et tout ce que vous pouvez en attendre ;

car les enfans se corrigent quelquefois , les hommes jamais. Opposez une digue à ce torrent, foible encore, parce qu'il ne traîne que de la boue ; mais, prenez-y garde, il peut devenir impétueux , et fort seulement de toute votre foiblesse.

Il est temps de la reconnoître, il est temps de l'appuyer sur des hommes capables de la fortifier ; sur des hommes aussi grands par leurs vertus que par leur opinion et par leur génie. Avec de tels guides, on ne verroit jamais des séditions, des conspirations, ni des forfaits. Hâtez-vous, SIRE, hâtez-vous de leur tendre la main. Ces hommes, que vous ne voyez pas, sont fidèles et dévoués ; ils ont pour eux la raison, la justice, la vertu, les lumières et l'ascendant du génie qui se fait obéir dès qu'il se manifeste ; sans cela, il est impossible que votre gouvernement puisse s'asseoir : *point de royauté sans royalistes.*

Henri III donna cet exemple , trop malheureusement imité, d'un ROI qui se range parmi ses ennemis, en se faisant recevoir ligueur. Cette fausse politique ne put lui réussir. Il fut bien déclaré le chef de la ligue , mais, dans la réalité, il n'eut ni autorité , ni influence sur les ligueurs; non seulement le duc de Guise conserva sur eux son pouvoir, mais sa puissance dans le royaume en devint plus formidable ; car Henri avoit légitimé le parti des factieux ; et il arriva que, sous l'égide même de l'autorité royale , le nombre des ennemis du Roi s'accrut tous les jours davantage.

Si, de nos jours, quelques Français se sont faits ministériels par obéissance, il n'est pas étonnant que, sous Henri III , il se soit trouvé des hommes dociles, qui, voyant leur Roi parmi les ligueurs, aient cru bien faire en s'y faisant recevoir.

Le duc de Guise, malgré ses démonstrations au Roi, ne négligea rien pour accroître sa puissance ; il fit donner toutes les places , tous les emplois, toutes les dignités à ses créatures, et, dans le même moment, il obtint l'exil des plus ardens défenseurs de la monarchie. Par ce moyen, il s'étoit rendu le maître de la France. Il est évident qu'il alloit consommer son crime et son usurpation, lorsqu'enfin Henri III, s'apercevant qu'il ne lui restoit plus que le nom de Roi, qu'il alloit le perdre, et peut-être même avec la vie, n'ayant plus assez de pouvoir pour accuser et faire juger son antagoniste, il condamna lui-même le duc de Guise à la mort.

La foiblesse et l'ingratitude sont, comme on le voit, de mauvais conseillers ; elles compromettent également la monarchie et le monarque. Ses amis, étant éloignés de sa personne, ne peuvent ni l'éclairer sur les piéges qu'on lui tend, ni le servir contre ses ordres. Il est douteux qu'un autre que Henri IV eût triomphé des ligueurs qu'avoit encouragés Henri III.

« Henri IV, dit l'historien de sa vie, ayant reconnu que les mauvaises voies avoient conduit son prédécesseur au précipice, résolut, tant par l'inclination qu'il avoit au bien que par bonne politique, d'en suivre de toutes contraires... Il excella dans la dispensation des charges et des emplois : il eut tous les soins que doit avoir celui qui ne se contente pas d'être roi de nom. Il commettoit à ses ministres le soin des affaires, mais de telle sorte qu'il demeuroit toujours le maître absolu... Il distribuoit lui-même les récompenses à ceux qu'il en jugeoit dignes, persuadé *que celui qui donne tout* peut tout, et *que celui qui ne donne rien n'est rien.* Il avoit d'ailleurs trop d'esprit et de gloire pour souffrir qu'un autre fît la plus noble fonction de son autorité royale. »

Récompenser ceux qui ont trahi, leur rendre la puissance par l'autorité qu'on leur confie, c'est le comble de la trahison, c'est le chef-d'œuvre de la plupart de nos ministres.

Quand au milieu d'un bois on abandonne à des brigands tout ce qu'on possède, ils ne deviennent pas pour cela des amis : ils se garderont de vous nommer leur chef ; ils se défieront de votre sincérité ; ils savent que vous ne pouvez pas les aimer ; qu'ils ne peuvent vous inspirer aucune confiance ; qu'ils n'ont aucun droit à votre reconnoissance, puisqu'ils ne vous ont rendu aucun service.

En donnant le pouvoir aux révolutionnaires, on a mis la monarchie légitime à leur discrétion : ils s'efforceront de la déshonorer en publiant que le chef est leur complice ; ils se serviront de son nom pour augmenter le nombre de leurs partisans et de leurs forfaits. Enfin il pourra arriver que sous ses yeux, et en apparence de son consentement et de ses ordres, ils dépouilleront, massacreront ses serviteurs, ses amis, ses parens et lui-même : *Et nunc,* Reges, *intelligite ; erudimini qui judicatis terram.*

Pour écarter de la pensée de si justes alarmes, et pour produire une séduisante illusion, on parle de la clémence de Henri IV : puissent tous les Rois faire de cette vertu un aussi digne usage que ce grand prince ! il la régla suivant l'intérêt de l'Etat et l'honneur de sa couronne.

Au retour du Roi légitime, tout le monde croyoit que le règne de la justice alloit descendre du ciel sur la terre, que tous les maux seroient réparés, toutes les larmes séchées : et que voyons-nous, grand Dieu ! les mêmes hommes, les mêmes intérêts, les mêmes vices, le même esprit, le même système, la même bassesse.

« Où en sommes-nous, s'écrie M. de Lalot ? dans quel effroyable chaos nous a-t-on précipités, puisque, après tant d'années de restauration, nous voilà réduits à disputer encore à la révolution les premiers élémens de l'ordre social? Que le mal est profond ! qu'il accuse hautement l'étrange perversité de ce système qui, depuis cinq ans , confond tous les principes , obscurcit toutes les doctrines , fait chanceler toutes les vérités , comble enfin la mesure du scandale , en joignant à tous les autres celui de punir la fidélité et de récompenser la trahison. »

M. de Lalot a fort bien dit aussi *que la société vivoit d'exemples* , et il a grandement raison. Ecoutons à cet égard un des plus grands orateurs du dix-septième siècle , un orateur qui ne sera point suspect , et qui saisit le cœur plus encore par la force de la raison que par les charmes du style et les ornemens de la parole , Massillon ! je n'ai rien lu de ma vie qui m'ait fait autant d'impression.

« Comme le premier penchant des peuples est d'imiter les ROIS , le premier devoir des ROIS est de donner des bons exemples aux peuples... Le même rang qui donne les princes en spectacle, les propose pour modèles ; leurs mœurs forment bientôt les mœurs publiques :

on suppose que ceux qui méritent nos hommages ne sont pas indignes de notre imitation : la foule n'a point d'autres lois que les exemples de ceux qui commandent : leur vie se reproduit pour ainsi dire dans le public.

» Quel malheur, quand le Souverain , peu content de se livrer au désordre , semble le consacrer par les grâces dont il l'honore...! quel opprobre pour un empire ! quelle indécence pour la majesté du gouvernement! quel découragement pour une nation , et pour les sujets habiles et vertueux à qui le vice enlève les grâces destinées à leurs talens et à leurs services ! quel décri et quel avilissement pour le prince dans l'opinion des cours étrangères ! et de là quel déluge de maux dans le peuple !...

» Les places occupées par des hommes corrompus ; les trahisons devenues la voie des honneurs et des richesses ; l'autorité pour maintenir les lois, méritée par ceux qui les violent ; les mœurs corrompues dans leur source ; les astres, qui devoient marquer nos routes, changés en des feux errans qui nous égarent...

» Les grands sont en spectacle à tout l'univers : leurs actions passent de bouche en bouche, de province en province, de nation en nation, rien n'est privé dans leur vie ; tout appartient au public : l'étranger a les yeux sur eux comme le citoyen ; le monde entier se sent de leurs vertus ou de leurs vices ; chez tous les peuples se passent des événemens qui prennent leurs sources dans leurs exemples.

» La France surtout, qui fixe tous les regards de l'Europe , est encore plus en spectacle qu'aucune autre nation : les étrangers y viennent en foule étudier nos mœurs, et les porter ensuite dans les contrées les plus éloignées. »

Massillon ne tarit pas sur le danger des exemples donnés par les princes et les grands. « Les vices ou les vertus des hommes du commun, ajoute-t-il, meurent d'ordinaire avec eux : leur mémoire périt avec leur personne ; mais les princes et les grands sont de tous les siècles ; leur vie, liée avec les événemens publics, passe avec nous d'âge en âge ; et leurs exemples prêcheront encore le vice ou la vertu à nos plus reculés neveux. »

Ne diroit-on pas, en lisant le passage suivant, que Massillon étoit contemporain d'un traître moderne qui vouloit tout sacrifier à son ambition ?

« Un ambitieux ne connoît de loi que celle qui le favorise : le crime qui l'élève est pour lui comme une vertu qui l'ennoblit. Ami infidèle, l'amitié n'est rien pour lui, si elle n'intéresse sa fortune : mauvais citoyen, la vérité ne lui paroît estimable qu'autant qu'elle lui est utile : le mérite qui entre en concurrence avec lui, est un ennemi auquel il ne pardonne point : l'intérêt public cède toujours à son intérêt propre ; il éloigne des sujets capables, et se substitue à leur place ; il sacrifie à ses jalousies le salut de l'Etat, et il verroit avec moins de regret les affaires publiques périr entre ses mains, que sauvées par les soins et par les lumières d'un autre. »

Ce portrait est si frappant, que tout le monde y reconnoîtra l'original.

« Il est vrai que lorsque le souverain veut être injuste, l'artifice et la mauvaise foi deviennent comme inévitables à ses ministres, ou pour cacher ses mauvais desseins, ou pour colorer ses injustices... Dieu a-t-il établi des puissances qui ne puissent se soutenir que par le crime ? et les Rois seroient-ils son ouvrage, s'ils ne pouvoient régner sans que la fraude et l'injustice fussent les compagnes inséparables de leur règne ? N'est-ce pas la justice qui soutient les trônes ?... Un prince établi pour gouverner les hommes , doit les connoître ; et le choix de ses sujets est la première source du bonheur public !..

» C'est un mauvais orgueil de croire qu'on ne peut avoir tort : c'est une foiblesse de n'oser reculer quand on sent qu'on nous a fait faire une fausse démarche. Les peuples voient assez souvent que les souverains peuvent se tromper ; mais ils voient rarement qu'ils sachent se désabuser. Rien n'est plus grand dans le souverain que de vouloir être détrompé , et d'avoir la force de convenir soi-même de sa méprise. Assuérus ne crut point déroger à la majesté de l'empire en déclarant , même par un écrit public , que sa bonne foi avoit été surprise par les artifices d'Aman. »

M. de Cazes est cent mille fois plus coupable qu'*Aman.* J'invoque à cet égard le témoignage de tous les gens de bien : et pourquoi ne pas en convenir ? Il est encore plus glorieux d'avouer sa surprise que de n'avoir pas été surpris. Rien n'est plus beau dans le souverain, qui ne dépend de personne , que de vouloir toujours dépendre de la vérité.

« Rois, n'aimez dans les hommes que la vérité ; elle seule les rend aimables : fermez l'oreille aux discours qui vous flattent ; le flatteur hait votre personne , il n'aime que vos faveurs. Souvenez-vous que les bons et les mauvais princes ont été également loués pendant leur vie ; il semble même que les basses flatteries ont été encore plus prodiguées à ces derniers : la haine se cache d'ordinaire sous l'adulation. »

Qui a pu oublier les belles paroles qu'on adressoit à l'infortuné Louis XVI, peu de temps avant de l'assassiner ? Que le peuple avoit de l'amour, du respect et de l'affection pour lui ; qu'il l'appeloit le restaurateur de la liberté , le meilleur ami de la nation ; qu'il le remercioit de son affabilité incomparable ; qu'il louoit sa tranquillité au milieu des orages; que tout le monde étoit attendri en le voyant ; que l'air retentissoit des acclamations mille fois répétées , etc. etc.

Le bon Roi répondoit qu'il étoit satisfait de l'attachement qu'on lui exprimoit ; qu'il étoit le père, le frère et l'ami de tous les Français ; qu'il n'avoit jamais douté de leur tendresse ni de leur fidélité; que son cœur étoit si ému, qu'il ne pouvoit trouver des expressions pour leur rendre tous les sentimens qu'il éprouvoit, etc.

Tout cela étoit fort bien ; mais quand un Roi choisit ses ennemis pour dépositaires de son autorité , il perd son royaume , et se perd lui-même. Si en France, depuis ce qu'on appelle la restauration , les révolutionnaires semblent n'avoir autre chose à faire que choisir le moment d'une révolution pour détruire la monarchie légitime, c'est qu'ils comptent, et beaucoup, sur les hommes à qui on a confié le pouvoir.

Il faut donc s'occuper des personnes plus que des choses. *Le magistrat*, dit Cicéron, *est la loi parlante, comme la loi est le magistrat muet.* Or, si un Roi confie son pouvoir à ses ennemis, il est clair qu'étant la loi parlante, ils n'opposeront qu'une résistance inutile aux efforts de leurs frères et amis. Qui peut douter aujourd'hui que tout le mal, depuis cinq ou six ans, ne vienne du mauvais choix des ministres ?

S'il est très-vrai qu'un seul ait appelé au secours du Roi et presqu'à toutes les charges publiques, les ennemis de la royauté, les hommes des cent-jours, en même temps qu'il chassoit loin du trône ses amis les plus dévoués ; si cela est très-vrai, le ministère actuel n'est pas moins coupable ; car il n'a rien changé.

Qui le sait et le souffre, a part à l'infamie.

Disons-le avec franchise et sincérité : Tous les moyens qu'on peut prendre seront inefficaces, si on laisse le timon des affaires à des hommes plus que suspects, si on ne les met au contraire dans l'impuissance de nuire ! La couronne sera fragile et chancelante tant qu'ils auront le pouvoir en main.

Forts ou foibles, courageux ou pusillanimes, fiers ou poules mouillées, bien ou mal intentionnés, il est impossible que les délégués de l'homme qui a voulu nous perdre puissent nous sauver ;

et j'oserois dire, avec vérité, que leur seule présence dans les affaires, est pour la France et pour l'Europe une véritable calamité.

Les vérités que je viens d'exposer ne plairont pas à tout le monde. On me reprochera d'être un peu sévère, lors même que je gourmande des vices réels; on prendra pour dureté ce qui n'est qu'une brûlante indignation. Du reste, à l'égard de certains hommes, on peut se passer de choisir les termes. Leur conduite à mon égard m'auroit vivement affecté, si le mépris n'excluoit tout autre sentiment. Il n'a pas fallu moins qu'une lettre aussi insolente de la part d'un proxénète de l'usurpateur, pour m'occuper d'un être si chétif. Sans cette lettre j'aurois mieux choisi le sujet pour l'honneur de ma plume.

On s'étonne que j'aie encore le courage d'é- crire après avoir été assassiné pour avoir écrit; mais si tous les royalistes restoient plongés dans une profonde apathie, que deviendroit la royauté? Je ne suis pas de ces hommes ram- pans qui aiment mieux trahir le Roi que lui déplaire; je suis du petit nombre de ceux qui disent la vérité. On me contestera peut-être le droit de la dire ; mais ce droit m'est assuré par la Charte , par la justice , par la raison , par le sang que j'ai versé pour la bonne cause , et plus encore par la vitesse avec laquelle je descends au tombeau, abri contre toutes les persécutions.

LE BARON DE SATGÉ.

Fait à Paris, le 7 décembre 1821.

IMPRIMERIE DE LE NORMANT, RUE DE SEINE, N° 8.